AF194759

Impressum
Verlag: BABADADA GmbH, Nedderfeld 112 , 22529 Hamburg
Geschäftsführer / Verlagsleitung: Harald Hof
Druck: Books on Demand GmbH, In de Tarpen 42, 22848 Norderstedt

Imprint
Publisher: BABADADA GmbH, Nedderfeld 112 , 22529 Hamburg, Germany
Managing Director / Publishing direction: Harald Hof
Print: Books on Demand GmbH, In de Tarpen 42, 22848 Norderstedt

school

escola

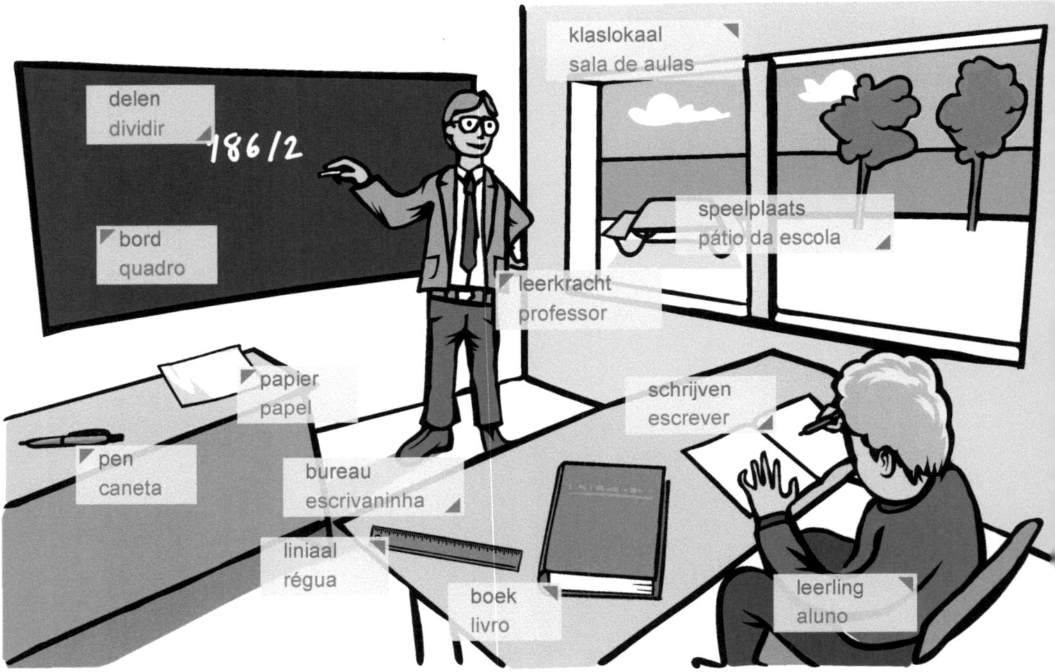
klaslokaal
sala de aulas
delen
dividir
186/2
bord
quadro
speelplaats
pátio da escola
leerkracht
professor
papier
papel
schrijven
escrever
pen
caneta
bureau
escrivaninha
liniaal
régua
boek
livro
leerling
aluno

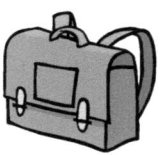

schooltas

sacola

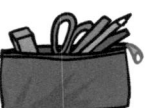

pennenzak

estojo de lápis

potlood

lápis

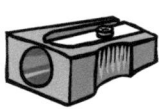

puntenslijper

apontador de lápis

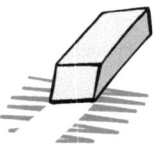

gom

borracha

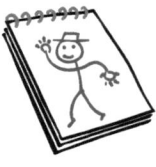

tekenblok

bloco de desenho

tekening

desenho

verfborstel

pincel

verfdoos

estojo de tintas

schaar

tesoura

lijm

cola

werkboek

livro de exercícios

huiswerk

lição de casa

nummer

número

optellen

somar

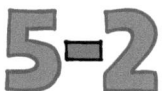

aftrekken

subtrair

vermenigvuldigen

multiplicar

rekenen

calcular

letter

letra

alfabet

alfabeto

woord

palavra

tekst

texto

Lezen

ler

krijt

giz

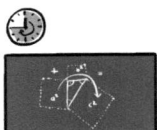

les

hora

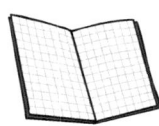

klassenboek

registro da classe

examen

exame

certificaat

certificado

schooluniform

uniforme escolar

onderwijs

educação

encyclopedie

enciclopédia

universiteit

universidade

microscoop

microscópio

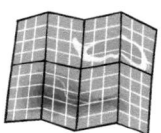

kaart

mapa

papiermand

cesto de lixo

reis

viagem

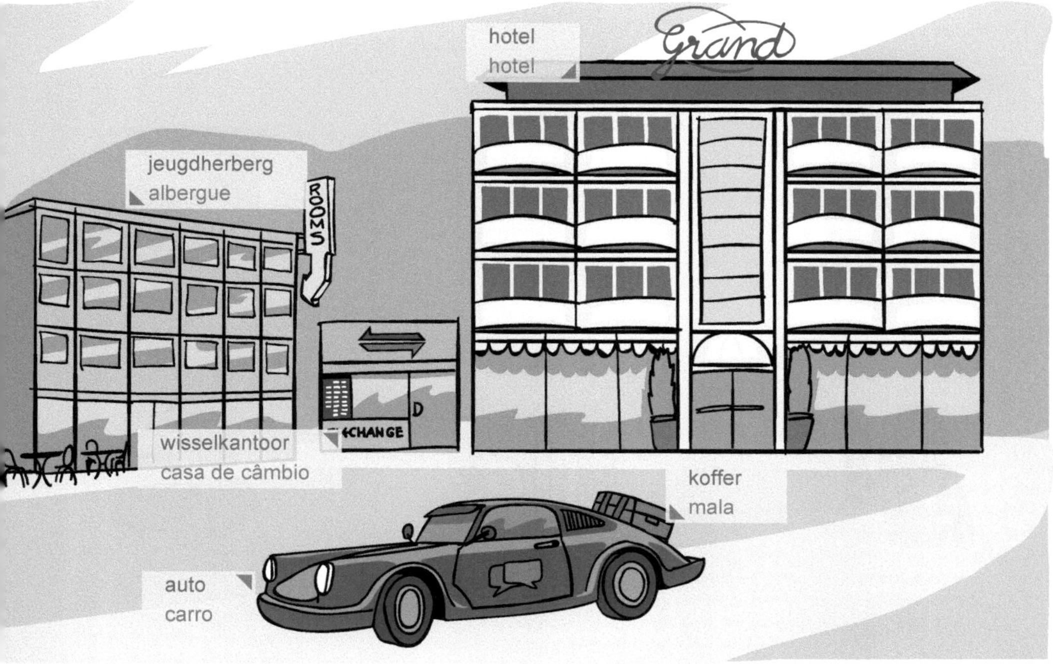

hotel
hotel
Grand
jeugdherberg
albergue
ROOMS
wisselkantoor
casa de câmbio
CHANGE
koffer
mala
auto
carro

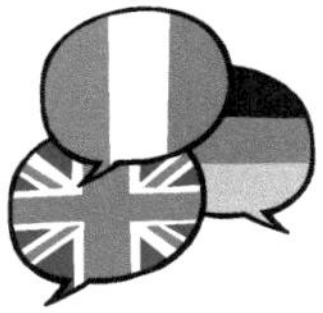

Taal
idioma

ja / nee
sim / não

oké
ok

hallo
Olá

vertaler
tradutor

bedankt
obrigado

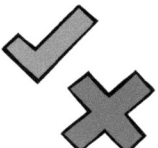

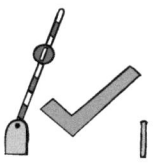

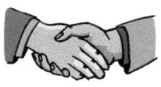

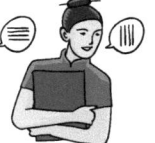

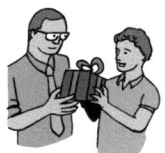

Hoeveel kost …?

quanto custa…?

Ik begrijp het niet

eu não entendo

probleem

problema

Goedenavond!

boa noite!

Goedemorgen!

Bom dia!

Goedenavond!

Boa noite!

Tot ziens

até logo

richting

direção

bagage

bagagem

zak

bolsa

rugzak

mochila

gast

convidado

kamer

quarto

slaapzak

saco de dormir

tent

barraca

toeristeninformatie

informação turística

strand

praia

kredietkaart

cartão de crédito

ontbijt

café da manhã

lunch

almoço

avondeten

jantar

ticket

bilhete

lift

elevador

postzegel

selo

grens

fronteira

douane

alfândega

ambassade

embaixada

visum

visto

paspoort

passaporte

reis - viagem

transport

transporte

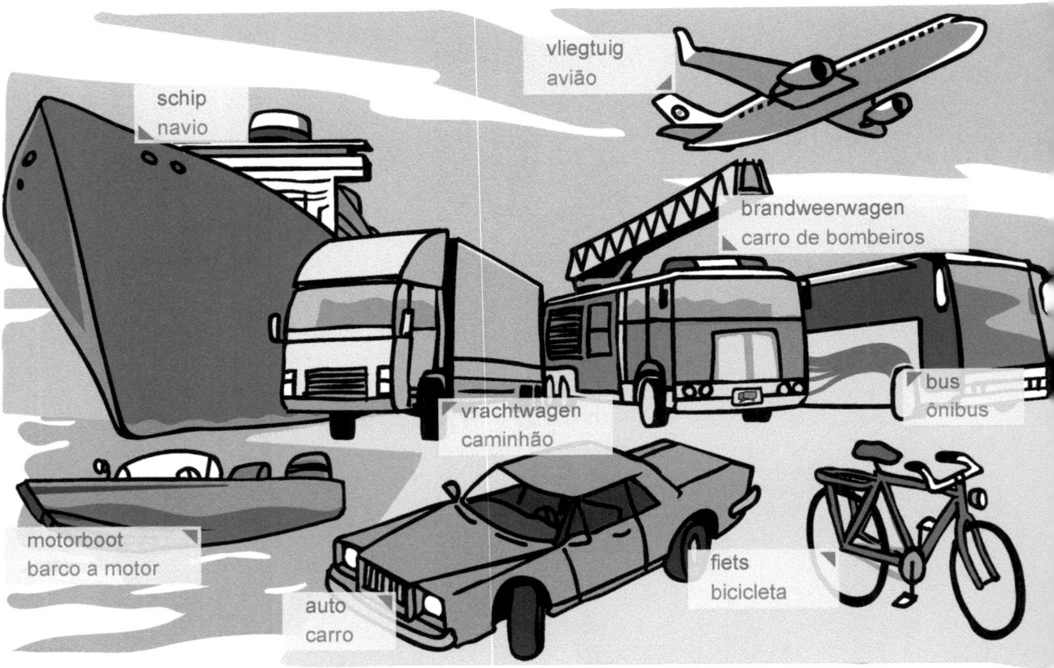
vliegtuig
avião
schip
navio
brandweerwagen
carro de bombeiros
bus
ônibus
vrachtwagen
caminhão
motorboot
barco a motor
fiets
bicicleta
auto
carro

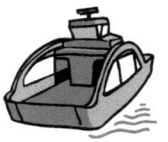

veerboot

balsa

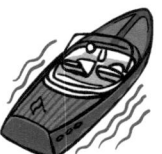

boot

barco

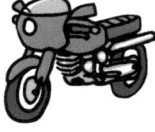

motor

motocicleta

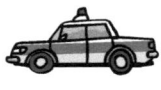

politiewagen

veículo policial

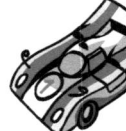

racewagen

carro de corrida

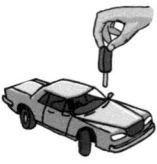

huurauto

carro de aluguel

carpoolen

compartilhamento de
automóvel

sleepwagen

caminhão de reboque

vuilniswagen

caminhão de lixo

motor

motor

benzine

combustível

benzinestation

posto de gasolina

verkeersbord

placa de trânsito

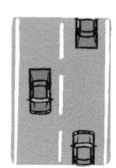

verkeer

trânsito

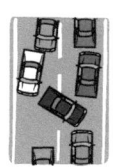

file

trânsito lento

parkeerplaats

estacionamento

station

estação de trem

sporen

trilhos

trein

trem

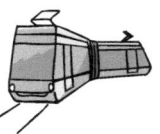

tram

bonde

wagon

vagão

helikopter

helicóptero

luchthaven

aeroporto

toren

torre

passagier

passageiro

container

contêiner

karton

cartolina

kar

carroça

mand

cesto

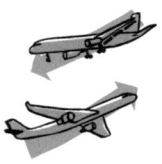

opstijgen / landen

decolar / pousar

stad
cidade

dorp

vilarejo

stadscentrum

centro da cidade

huis

casa

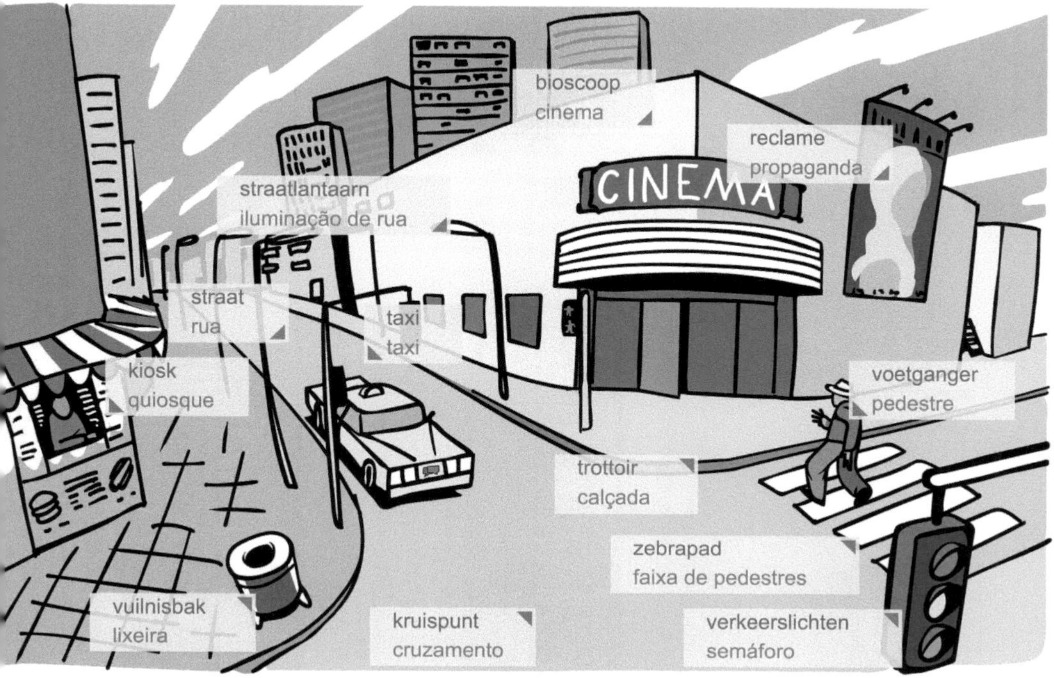

bioscoop / cinema

reclame / propaganda

straatlantaarn / iluminação de rua

straat / rua

taxi / taxi

CINEMA

kiosk / quiosque

voetganger / pedestre

trottoir / calçada

zebrapad / faixa de pedestres

vuilnisbak / lixeira

kruispunt / cruzamento

verkeerslichten / semáforo

hut
cabana

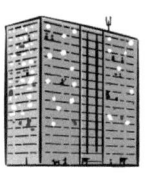

woning
apartamento

station
estação de trem

stadshuis
prefeitura

museum
museu

school
escola

universiteit

universidade

bank

banco

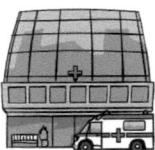

ziekenhuis

hospital

hotel

hotel

apotheek

farmácia

kantoor

escritório

boekwinkel

livraria

winkel

loja

bloemenwinkel

floricultura

supermarkt

supermercado

markt

mercado

warenhuis

loja de departamentos

vishandelaar

peixaria

winkelcentrum

centro comercial

haven

porto

park
parque

bank
banco

brug
ponte

trap
escadas

metro
metrô

tunnel
túnel

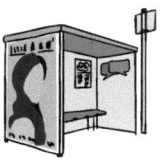

bushalte
ponto de ônibus

bar
bar

restaurant
restaurante

brievenbus
caixa de correspondência

straatnaambord
placa de rua

parkeermeter
parquímetro

zoo
zoológico

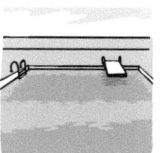

zwembad
piscina

moskee
mesquita

boerderij
fazenda

milieuverontreiniging
poluição

kerkhof
cemitério

kerk
igreja

speelplaats
parquinho

tempel
templo

landschap
paisagem

blad
folha

wegwijzer
placa de sinalização

weg
caminho

weide
gramado

steen
pedra

wandelaar
caminhantes

boom
árvore

rivier
rio

gras
grama

bloem
flor

vallei
vale

heuvel
montanha

meer
lago

bos
floresta

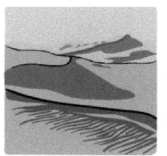

woestijn
deserto

vulkaan
vulcão

kasteel
castelo

regenboog
arco-íris

paddenstoel
cogumelo

palmboom
palmeira

mug
mosquito

vlieg
mosca

mier
formiga

bijl
abelha

spin
aranha

kever

besouro

kikker

sapo

eekhoorn

esquilo

egel

ouriço

haas

lebre

uil

coruja

vogel

pássaro

zwaan

cisne

wild zwijn

javali

hert

veado

eland

alce

dam

barragem

windturbine

aerogerador

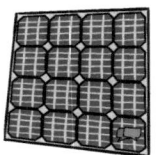

zonnepaneel

painel solar

klimaat

clima

restaurant
restaurante

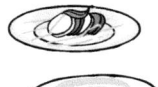

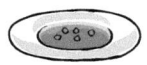

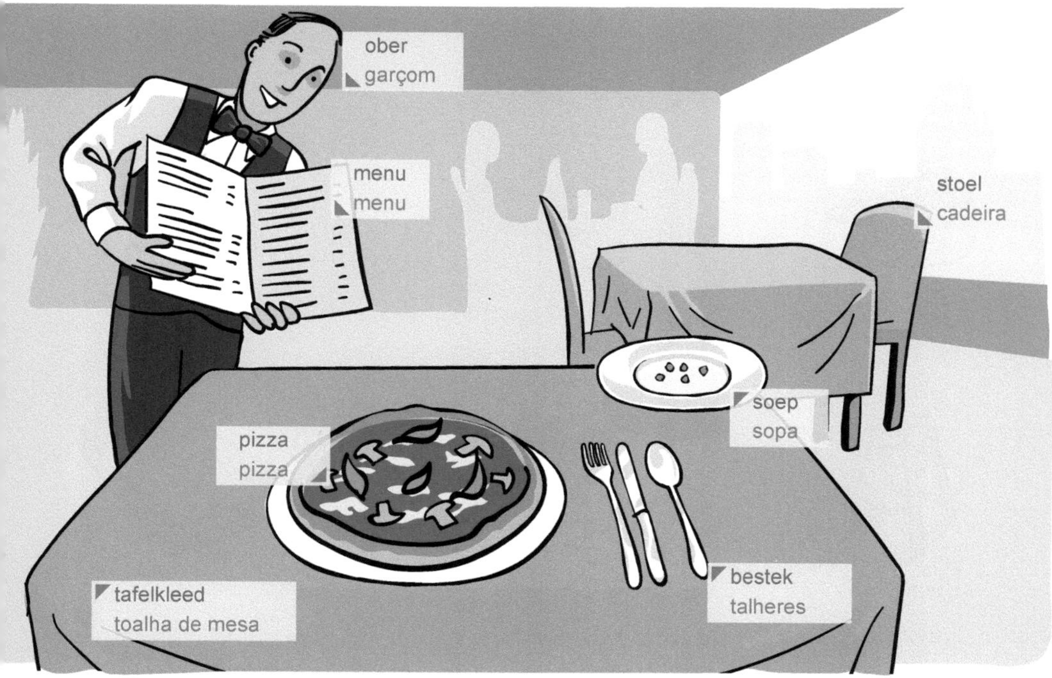
ober
garçom
menu
menu
stoel
cadeira
soep
sopa
pizza
pizza
tafelkleed
toalha de mesa
bestek
talheres

voorgerecht

entrada

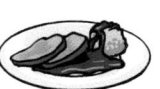

hoofdgerecht

prato principal

nagerecht

sobremesa

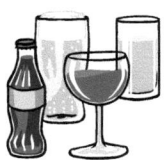

drankjes

bebidas

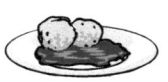

eten

comida

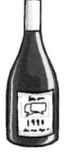

fles

garrafa

fastfood

fastfood

street food

comida de rua

theepot

bule de chá

suikerpot

açucareiro

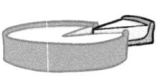

portie

porção

espressomachine

máquina de expresso

kinderstoel

cadeirão

rekening

conta

dienblad

bandeja

mes

faca

vork

garfo

lepel

colher

theelepel

colher de chá

serviette

guardanapo

glas

copo

bord

prato

soepbord

prato de sopa

schoteltje

pires

saus

molho

zoutvatje

saleiro

pepermolen

moedor de pimenta

azijn

vinagre

olie

óleo

kruiden

especiarias

ketchup

ketchup

mosterd

mostarda

mayonaise

maionese

supermarkt
supermercado

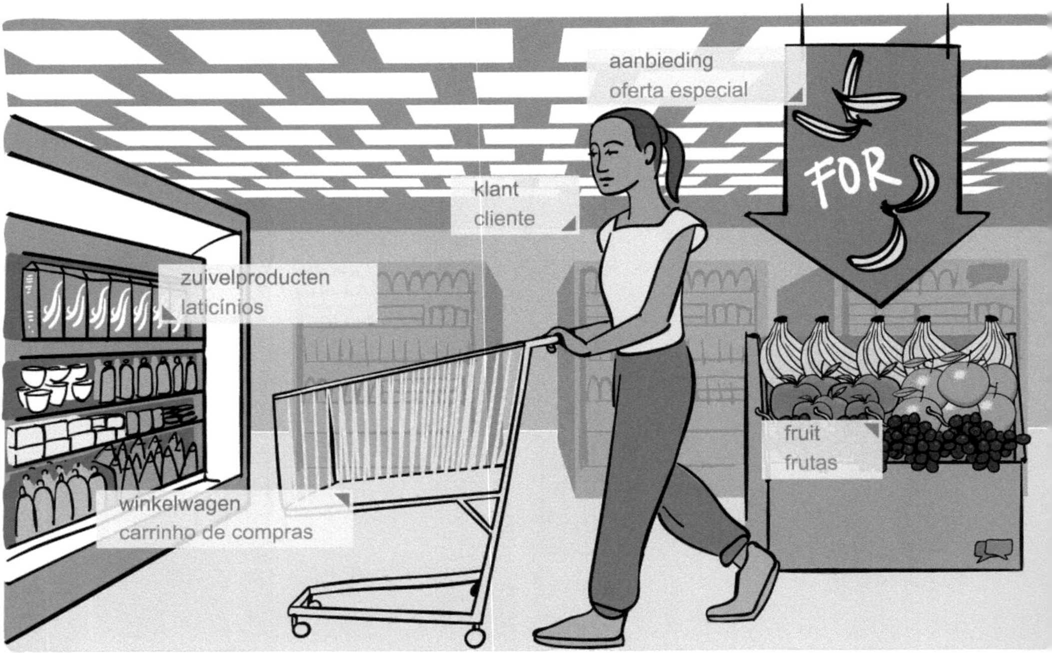

aanbieding
oferta especial
klant
cliente
zuivelproducten
laticínios
fruit
frutas
winkelwagen
carrinho de compras
FOR

BUTCHERS

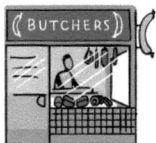

slagerij
açougue

BAKERY

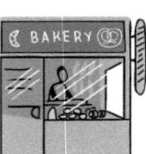

bakkerij
padaria

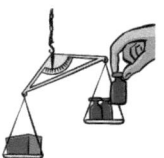

wegen
pesar

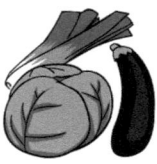

groenten
legumes

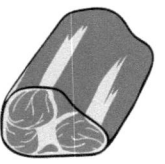

vlees
carne

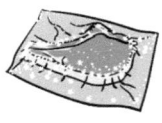

diepvriesvoedsel
congelados

charcuterie

charcutaria

conserven

conservas

waspoeder

detergente em pó

snoep

doces

huishoudproducten

artigos domésticos

schoonmaakproducten

produtos de limpeza

verkoopster

vendedora

kassa

caixa

kassier

caixa

boodschappenlijstje

lista de compras

openingstijden

horário de funcionamento

portefeuille

carteira

kredietkaart

cartão de crédito

tas

sacola

plastieken zakje

saco plástico

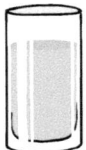

water

água

sap

suco

melk

leite

cola

coca-cola

wijn

vinho

bier

cerveja

alcohol

álcool

cacao

cacau

thee

chá

koffie

café

espresso

expresso

cappuccino

cappuccino

banaan

banana

appel

maçã

sinaasappel

laranja

meloen

melão

citroen

limão

wortel

cenoura

knoflook

alho

bamboe

bambu

ajuin

cebola

champignon

cogumelo

noten

nozes

noodles

macarrão

spaghetti

espaguete

rijst

arroz

salade

salada

frieten

batatas fritas

gebakken aardappelen

batatas frias

pizza

pizza

hamburger

hambúrger

sandwich

sanduíche

kalfslapje

escalope

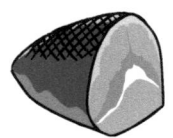

ham

presunto

salami

salame

worst

salsicha

kip

galinha

braden

assado

vis

peixe

havervlokken

flocos de aveia

muesli

granola

cornflakes

flocos de milho

bloem

farinha

croissant

croissant

pistolet

pãozinho

brood

pão

toast

torrada

koekjes

biscoitos

boter

manteiga

kwark

requeijão

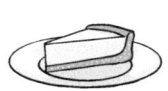

taart

bolo

ei

ovo

spiegelei

ovo frito

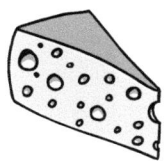

kaas

queijo

ijs

sorvete

suiker

açúcar

honing

mel

confituur

geleia

choco

creme de avelãs

curry

curry

boerderij
fazenda

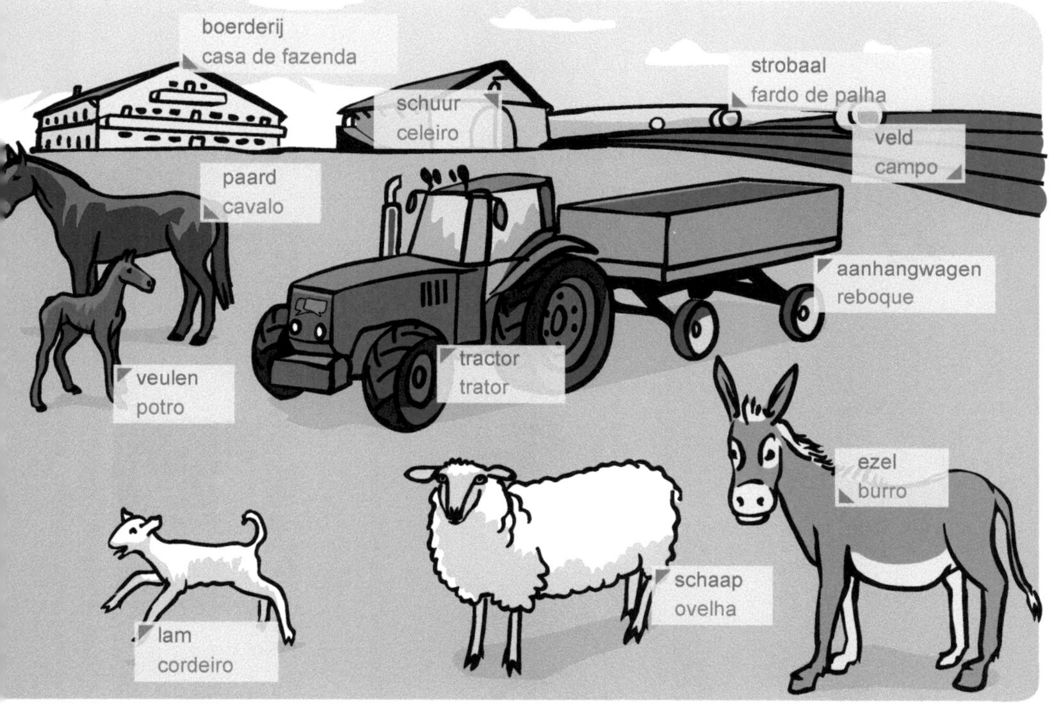
boerderij
casa de fazenda
schuur
celeiro
strobaal
fardo de palha
veld
campo
paard
cavalo
aanhangwagen
reboque
tractor
trator
veulen
potro
ezel
burro
schaap
ovelha
lam
cordeiro

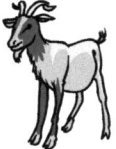

geit

cabra

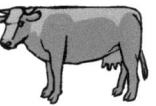

koe

vaca

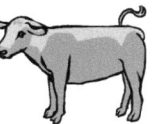

kalf

bezerro

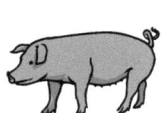

varken

porco

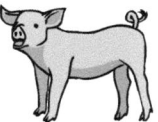

biggetje

leitão

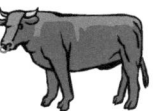

stier

touro

gans
ganso

eend
pato

kuiken
pintinho

kip
galinha

haan
galo

rat
ratazana

kat
gato

muis
camundongo

os
boi

hond
cachorro

hondenhok
casinha do cachorro

tuinslang
mangueira de jardim

gieter
regador

zeis
foice

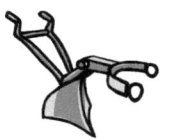

ploeg
arado

sikkel
foice

schoffel
enxada

hooivork
forquilha

bijl
machado

kruiwagen
carrinho de mão

trog
manjedoura

melkkan
jarra de leite

zak
saco

hek
cerca

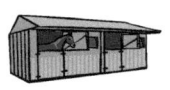

stal
estábulo

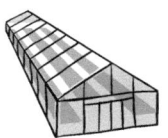

broeikas
estufa

bodem
solo

zaad
semente

mest
fertilizante

maaidorser
colheitadeira

oogsten
colher

oogst
colheita

yam
inhame

tarwe
trigo

soja
soja

aardappel
batata

maïs
milho

koolzaad
colza

fruitboom
árvore frutífera

maniok
mandioca

graan
cereais

huis
casa

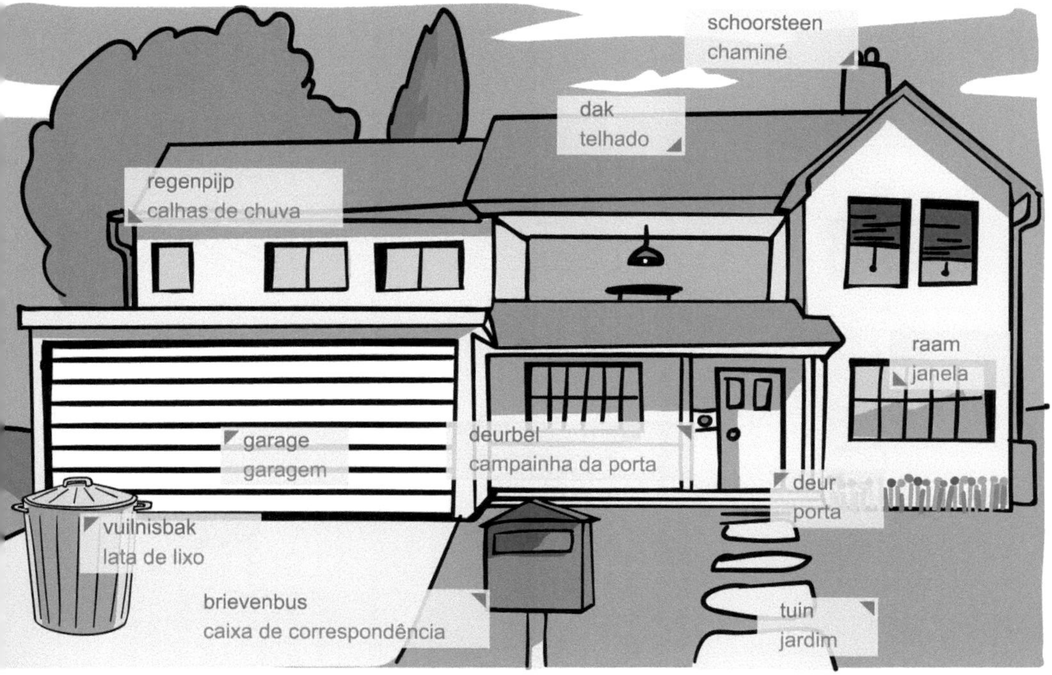
schoorsteen
chaminé
dak
telhado
regenpijp
calhas de chuva
raam
janela
garage
garagem
deurbel
campainha da porta
deur
porta
vuilnisbak
lata de lixo
brievenbus
caixa de correspondência
tuin
jardim

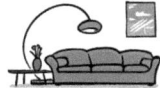

woonkamer

sala de estar

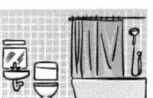

badkamer

banheiro

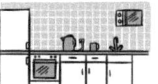

keuken

cozinha

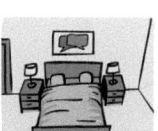

slaapkamer

quarto de dormir

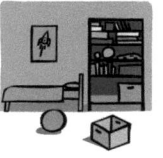

kinderkamer

quarto de criança

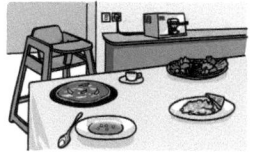

eetkamer

sala de jantar

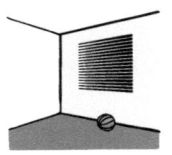

vloer

chão

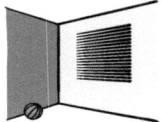

muur

parede

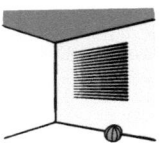

plafond

teto

kelder

porão

sauna

sauna

balkon

varanda

terras

terraço

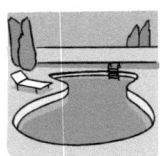

zwembad

piscina

grasmaaier

cortador de grama

dekbedovertrek

lençol

dekbed

coberta

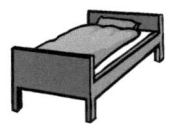

bed

cama

bezem

vassoura

emmer

balde

schakelaar

interruptor

woonkamer
sala de estar

behangpapier
papel de parede
foto
quadro
lamp
lâmpada
schap
prateleira
kast
armário
televisie
televisão
open haard
lareira
bloem
flor
kussen
travesseiro
sofa
sofá
vaas
vaso
afstandsbediening
controle remoto

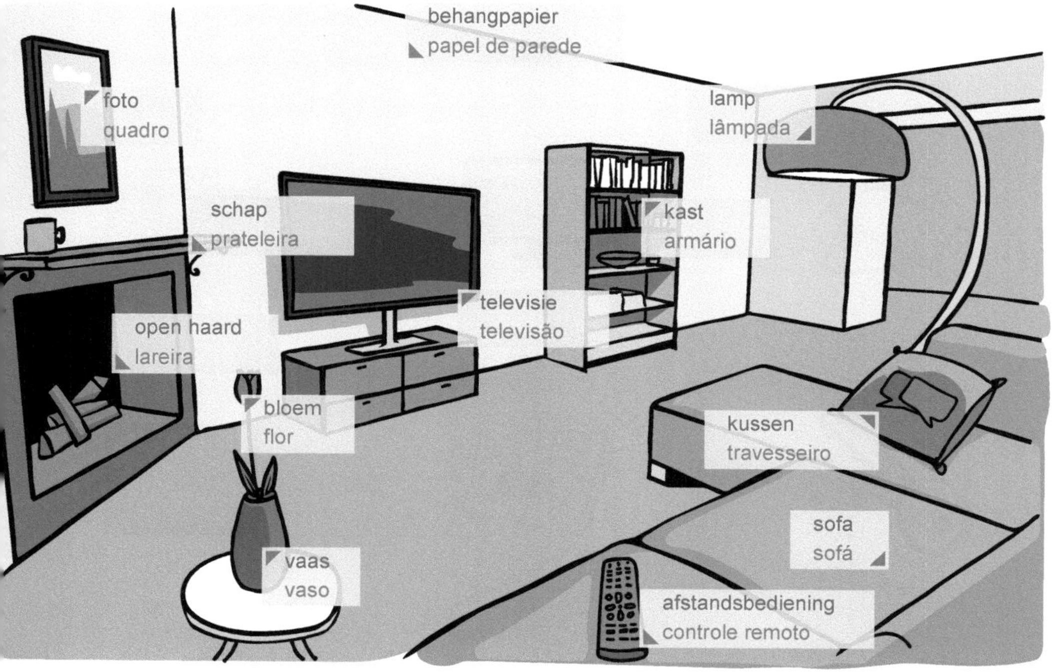

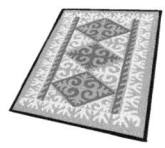

mat

tapete

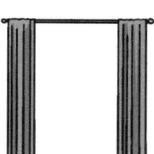

gordijn

cortina

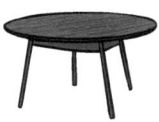

tafel

mesa

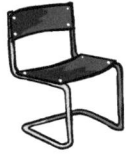

stoel

cadeira

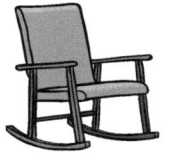

schommelstoel

cadeira de balanço

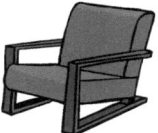

fauteuil

poltrona

boek
livro

deken
cobertor

decoratie
decoração

brandhout
lenha

film
filme

stereo-installatie
equipamento de som

sleutel
chave

krant
jornal

schilderij
pintura

poster
pôster

radio
rádio

notitieboekje
bloco de notas

stofzuiger
aspirador

cactus
cacto

kaars
vela

keuken
cozinha

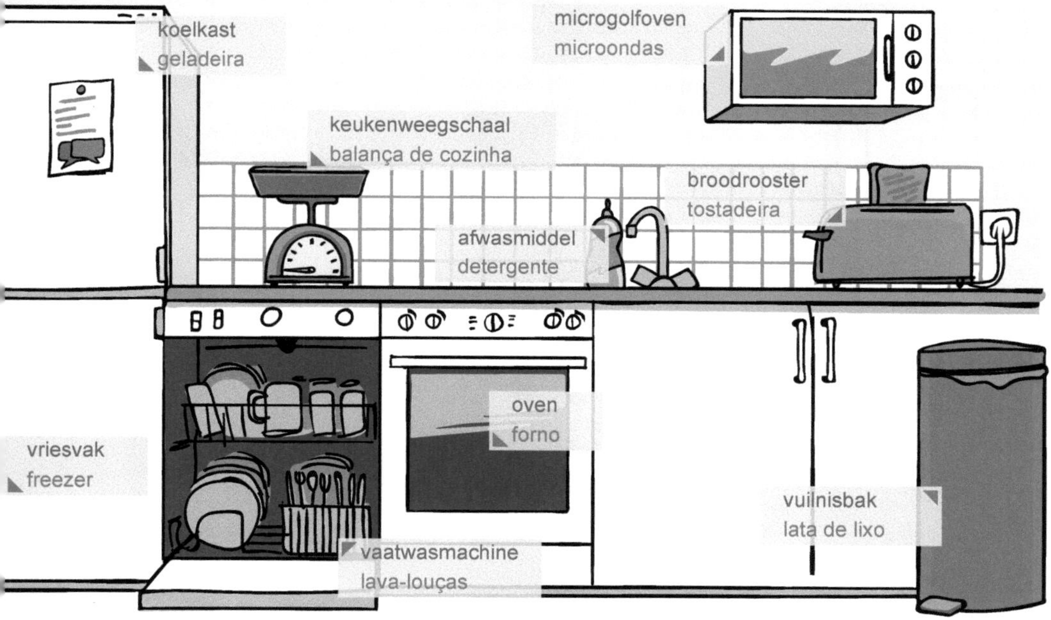
koelkast
geladeira
microgolfoven
microondas
keukenweegschaal
balança de cozinha
broodrooster
tostadeira
afwasmiddel
detergente
oven
forno
vriesvak
freezer
vuilnisbak
lata de lixo
vaatwasmachine
lava-louças

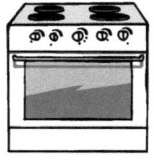

fornuis
....
fogão

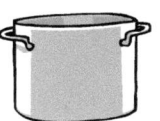

pot
....
panela

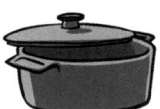

gietijzeren pot
....
panela de ferro

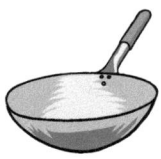

wok / kadai
....
wok / kadai

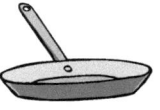

pan
....
frigideira

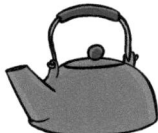

waterkoker
....
chaleira

stoomkoker

panela a vapor

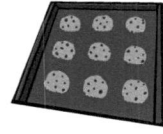

bakplaat

tabuleiro de forno

servies

louça

mok

caneca

kom

caçarola

eetstokjes

hashi

pollepel

concha de sopa

spatel

espátula

garde

batedor

vergiet

escorredor

zeef

peneira

rasp

ralador

mortier

almofariz

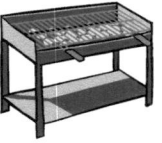

barbecue

churrasqueira

haardvuur

lareira

snijplank

tábua de cortar

deegrol

rolo da massa

kurkentrekker

saca-rolhas

blik

lata

blikopener

abridor de latas

pannenlap

pegador de panela

gootsteen

pia

borstel

escova

spons

esponja

blender

liquidificador

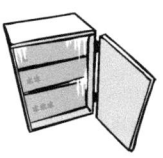

vriezer

congelador

papfles

mamadeira

kraan

torneira

badkamer
banheiro

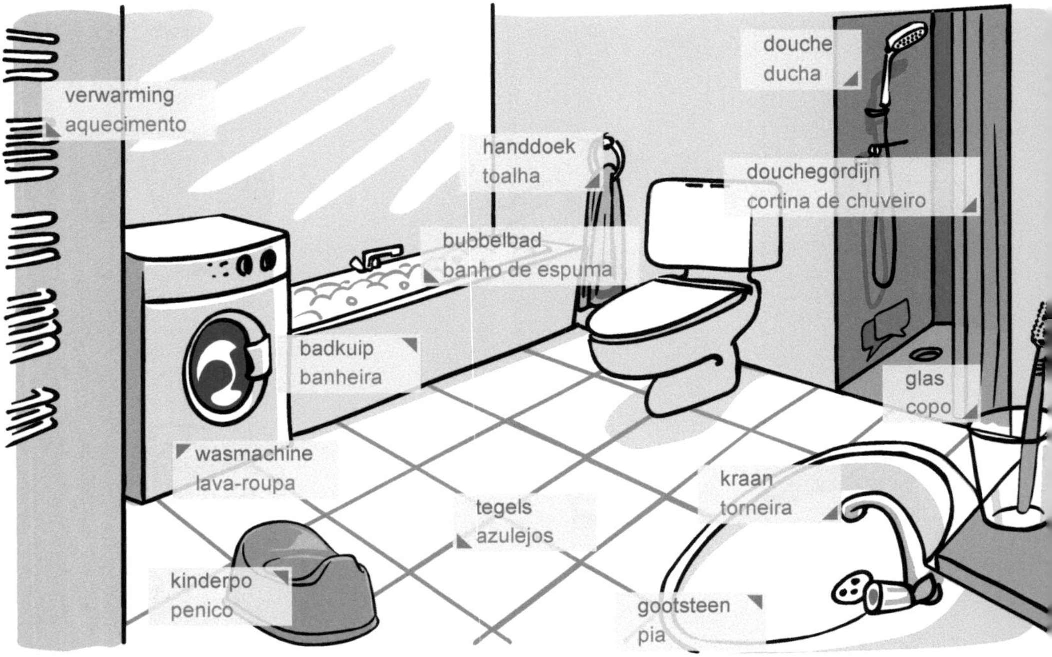

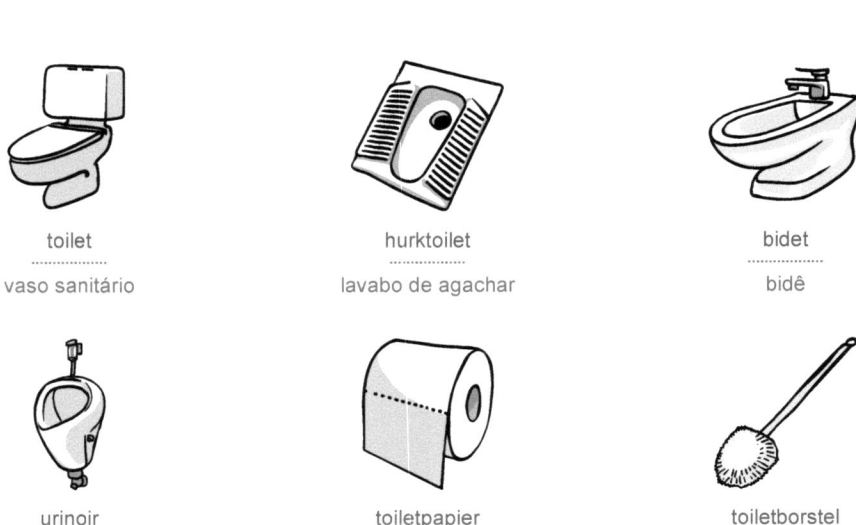

verwarming
aquecimento
douche
ducha
handdoek
toalha
douchegordijn
cortina de chuveiro
bubbelbad
banho de espuma
badkuip
banheira
glas
copo
wasmachine
lava-roupa
kraan
torneira
tegels
azulejos
kinderpo
penico
gootsteen
pia

toilet
vaso sanitário

hurktoilet
lavabo de agachar

bidet
bidê

urinoir
mictório

toiletpapier
papel higiênico

toiletborstel
escova de privada

tandenborstel
escova de dentes

tandpasta
pasta de dentes

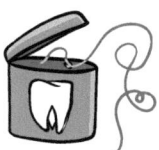

flosdraad
fio dental

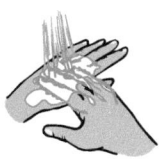

wassen
lavar

handdouche
ducha de mão

bidethanddouche
ducha íntima

waskom
bacia

rugborstel
escova para as costas

zeep
sabonete

douchegel
gel de banho

shampoo
xampu

washandje
toalha de rosto

afvoer
escoamento

crème
creme

deodorant
desodorante

spiegel

espelho

handspiegel

espelho de mão

scheermes

barbeador

scheerschuim

espuma de barbear

aftershave

loção pós-barba

kam

pente

borstel

escova

haardroger

secador de cabelo

haarlak

spray de cabelo

make-up

maquiagem

lippenstift

batom

nagellak

esmalte de unhas

watten

algodão

nagelknipper

tesoura para unhas

parfum

perfume

toilettas

nécessaire

kruk

banquinho

weegschaal

balança

badjas

roupão de banho

latex handschoenen

luvas de borracha

tampon

absorvente interno

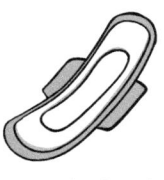

maandverband

absorvente íntimo

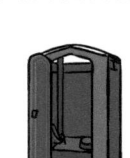

chemisch toilet

banheiro químico

kinderkamer
quarto de criança

wekker
despertador
knuffel
boneco de pelúcia
speelgoedauto
carrinho de brinquedo
rammelaar
chacoalho
poppenhuis
casa de bonecas
geschenk
presente

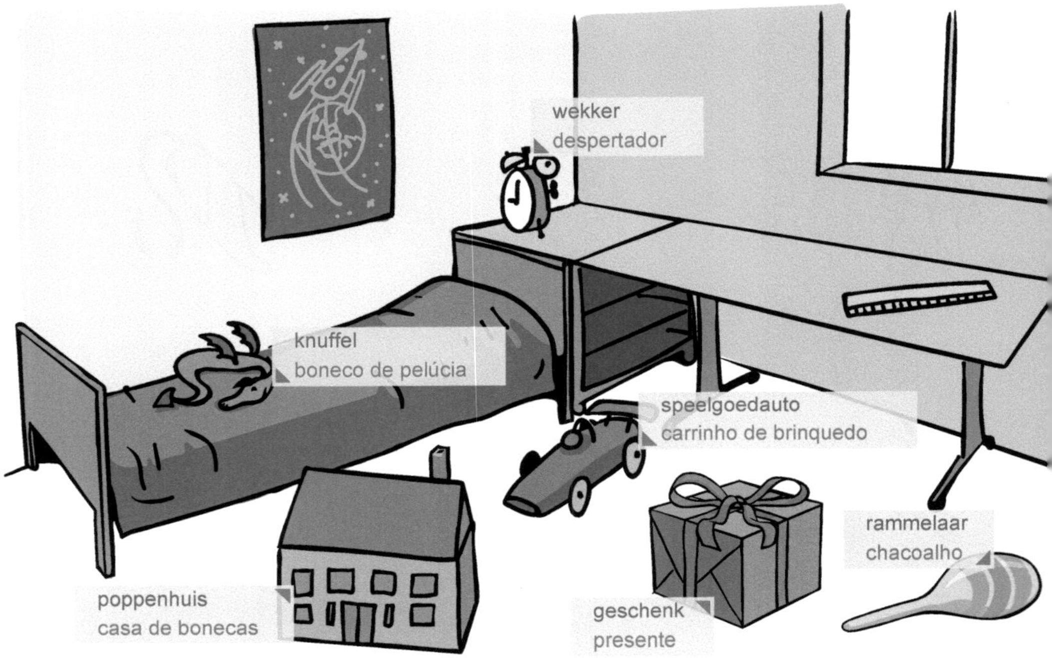

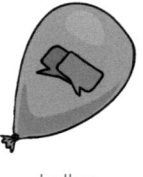

ballon

balão

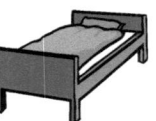

bed

cama

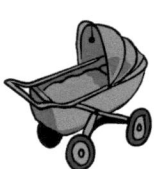

kinderwagen

carrinho de bebê

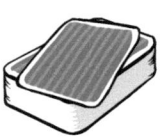

spel kaarten

jogo de cartas

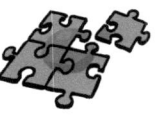

puzzel

quebra-cabeças

SUPER
MEGA

stripboek

revista de quadrinhos

legoblokjes

peças de Lego

blokken

blocos de construção

actiefiguur

figura de ação

kruippakje

macaquinho de bebê

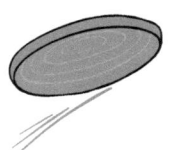

frisbee

frisbee

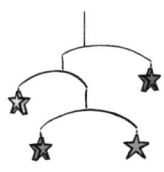

mobiel

móbile para bebé

bordspel

jogo de tabuleiro

dobbelsteen

dados

modelspoorweg

trenzinho elétrico

fopspeen

chupeta

feest

festa

prentenboek

livro ilustrado

bal

bola

pop

boneca

spelen

brincar

zandbak

caixa de areia

schommel

balanço

speelgoed

brinquedos

spelconsole

videogame

driewieler

triciclo

knuffelbeer

ursinho de pelúcia

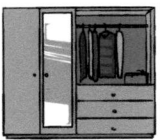

kleerkast

guarda-roupa

kleding
vestuário

sokken

meias

kousen

meias pelo joelho

maillot

meias-calças

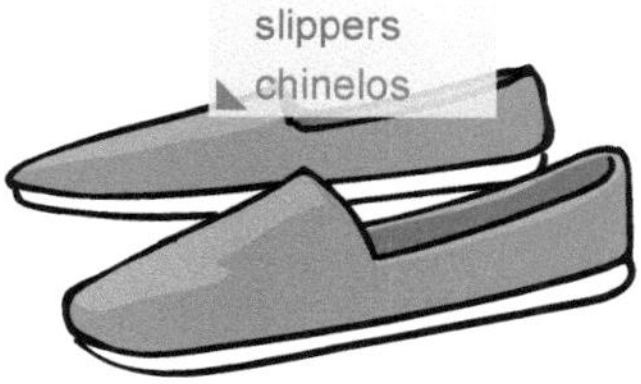

sjaal
cachecol

riem
cinto

paraplu
guarda-chuva

T-shirt
camiseta

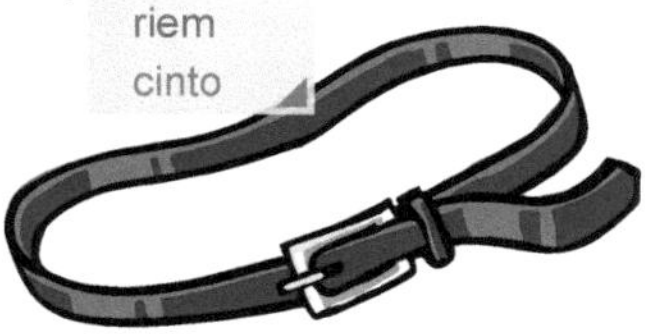

sneakers
tênis

laarzen
botas

slippers
chinelos

sandalen
sandálias

schoenen
sapatos

rubberlaarzen
botas de borracha

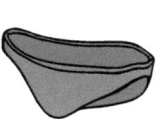

onderbroek
roupa de baixo

beha
sutiã

onderhemd
camiseta de baixo

lichaam

body

broek

calças

jeans

jeans

rok

saia

blouse

blusa

hemd

camisa

trui

pulôver

capuchontrui

suéter com capuz

blazer

blazer

jas

jaqueta

jas

casaco

regenjas

gabardine

kostuum

traje

jurk

vestido

trouwjurk

vestido de casamento

pak

terno

nachthemd

camisola

pyjama

pijama

sari

sari

hoofddoek

lenço de cabeça

tulband

turbante

boerka

burca

kaftan

cafetã

abaya

abaya

badpak

maiô

zwembroek

sunga

short

shorts

trainingspak

roupa de treino

schort

avental

handschoenen

luvas

knoop

botão

bril

óculos

armband

pulseira

ketting

colar

ring

anel

oorbel

brinco

pet

boné

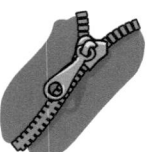

kapstok

cabide

hoed

chapéu

das

gravata

rits

zíper

helm

capacete

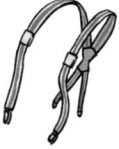

bretellen

suspensórios

schooluniform

uniforme escolar

uniform

uniforme

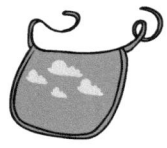

slabbetje

babador

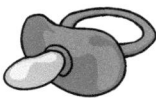

fopspeen

chupeta

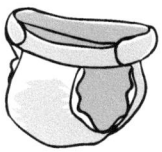

luier

fralda

kantoor
escritório

server
servidor
dossierkast
armário de arquivos
printer
impressora
papier
papel
monitor
monitor
bureau
escrivaninha
muis
mouse
map
pasta
toestenbord
teclado
papiermand
cesto de lixo
stoel
cadeira
computer
computador

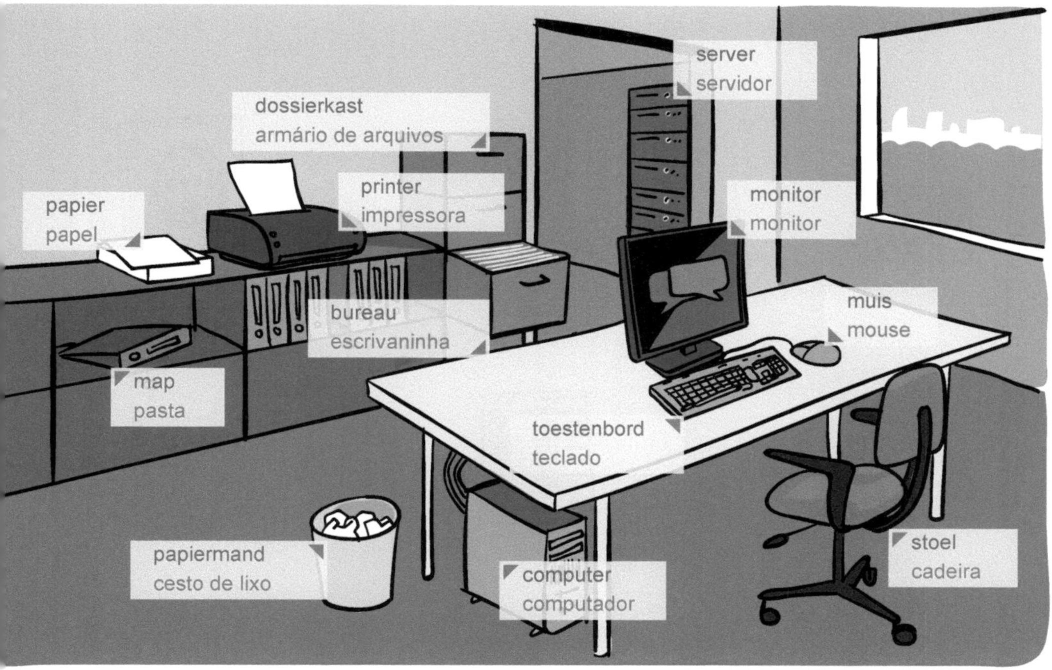

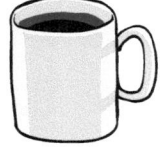

koffiemok

xícara de café

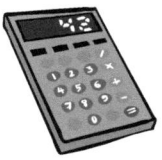

rekenmachine

calculadora

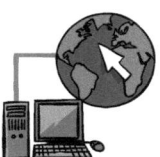

internet

internet

laptop

laptop

brief

carta

bericht

mensagem

gsm

celular

netwerk

rede

kopieerapparaat

copiadora

software

software

telefoon

telefone

stopcontact

tomada

fax

fax

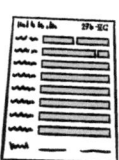

formulier

formulário

document

documento

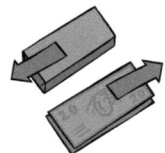

kopen
comprar

betalen
pagar

handelen
negociar

geld
dinheiro

dollar
Dólar

euro
Euro

yen
Yen

roebel
rublo

Zwitserse frank
franco suíço

Chinese renminbi
renminbi yuan

roepie
rupia

geldautomaat
caixa eletrônico

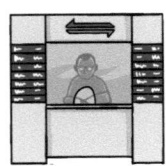

wisselkantoor

casa de câmbio

goud

ouro

zilver

prata

olie

petróleo

energie

energia

prijs

preço

contract

contrato

belasting

imposto

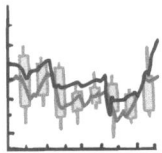

aandeel

ação

werken

trabalhar

werknemer

empregado

werkgever

empregador

fabriek

fábrica

winkel

loja

beroepen
profissões

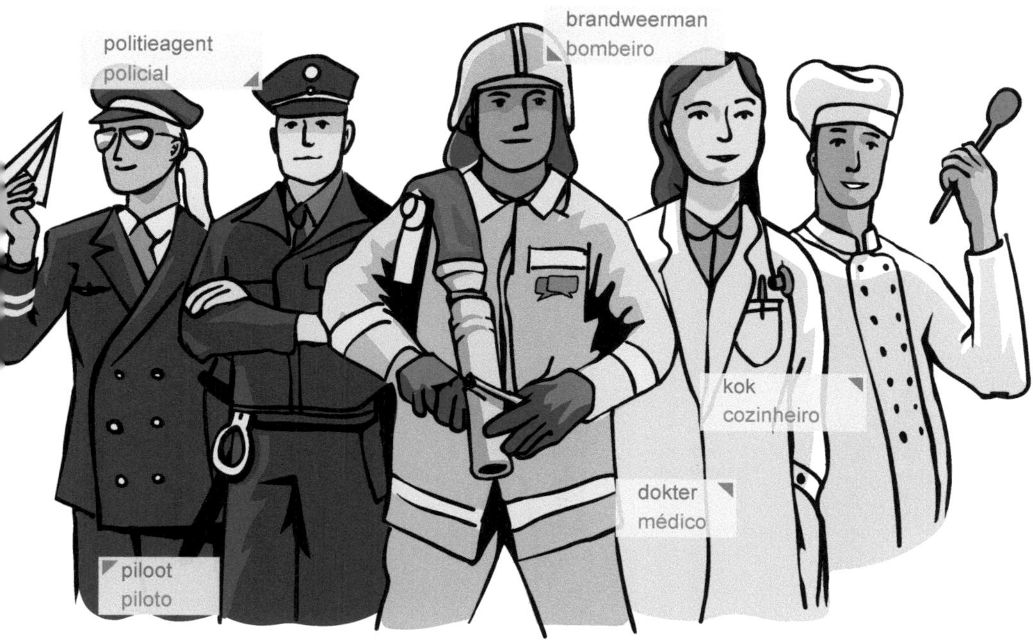

politieagent
policial
brandweerman
bombeiro
kok
cozinheiro
dokter
médico
piloot
piloto

tuinman

jardineiro

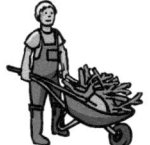

timmerman

marceneiro

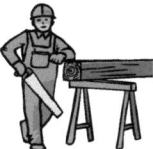

naaister

costureira

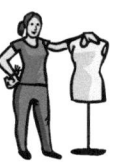

rechter

juiz

chemicus

químico

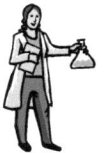

acteur

ator

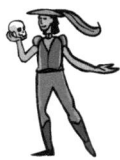

buschauffeur

motorista de ônibus

taxichauffeur

motorista de táxi

visser

pescador

schoonmaakster

faxineira

dakdekker

telhador

ober

garçom

jager

caçador

schilder

pintor

bakker

padeiro

elektricien

eletricista

bouwvakker

construtor

ingenieur

engenheiro

slager

açougueiro

loodgieter

encanador

postbode

carteiro

soldaat

soldado

architect

arquiteto

kassier

caixa

bloemist

florista

kapper

cabelereiro

conducteur

condutor

mecanicien

mecânico

kapitein

capitão

tandarts

dentista

wetenschapper

cientista

rabbijn

rabino

imam

imam

monnik

monge

geestelijke

pastor

werktuigen
ferramentas

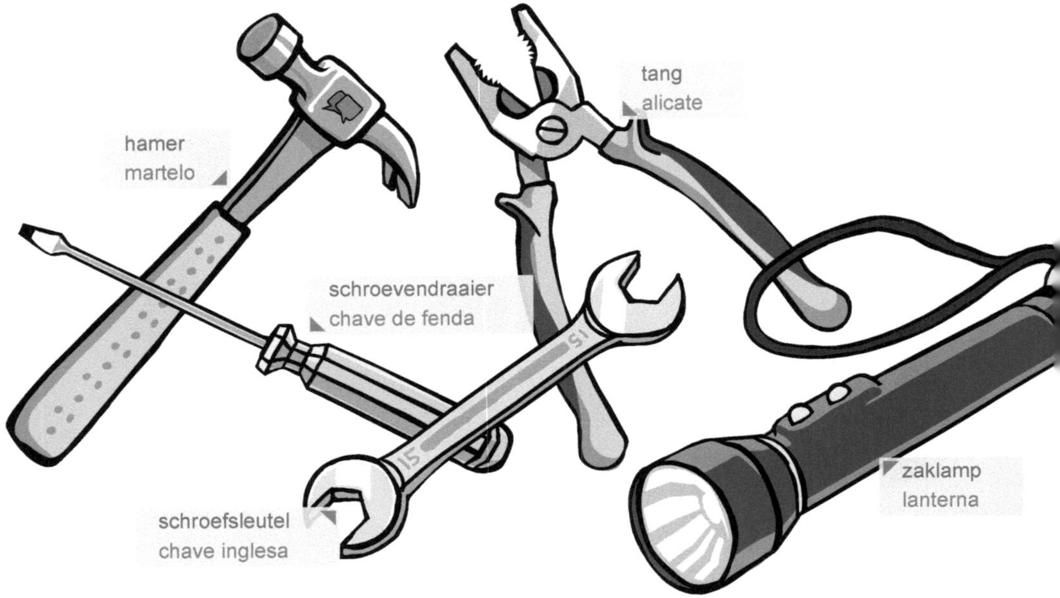
tang
alicate
hamer
martelo
schroevendraaier
chave de fenda
schroefsleutel
chave inglesa
zaklamp
lanterna

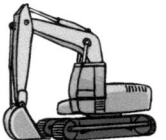

graafmachine
escavadora

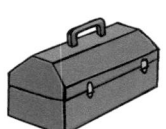

gereedschapskoffer
caixa de ferramentas

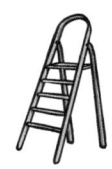

ladder
escada de mão

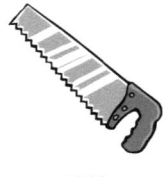

zaag
serra

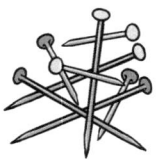

spijkers
pregos

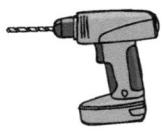

boormachine
furadeira

repareren

consertar

schop

pá

Verdomme!

Droga!

blik

pá de lixo

verfpot

pote de tinta

schroeven

parafusos

muziekinstrumenten
instrumentos musicais

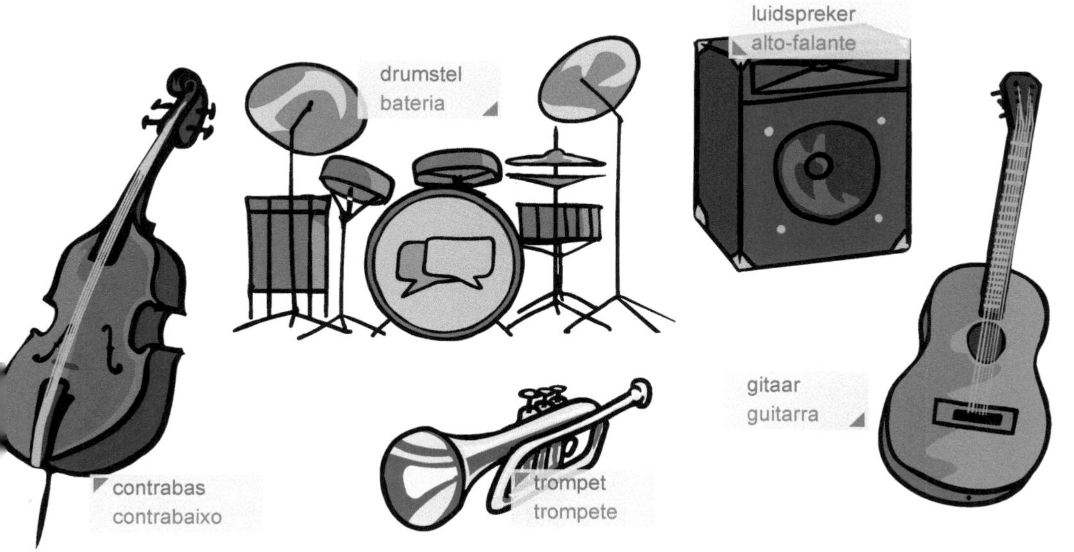

luidspreker
alto-falante

drumstel
bateria

gitaar
guitarra

contrabas
contrabaixo

trompet
trompete

piano

piano

viool

violino

basgitaar

baixo

pauk

timbales

trommels

tambor

keyboard

teclado

saxofoon

saxofone

fluit

flauta

microfoon

microfone

zoo
zoológico

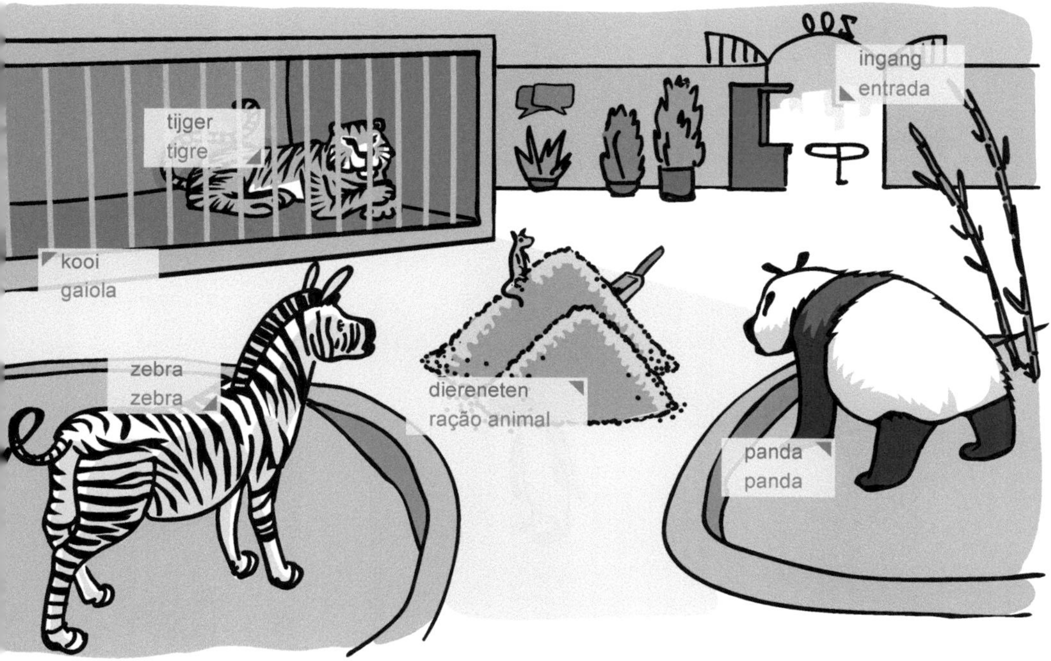
tijger
tigre
ingang
entrada
kooi
gaiola
zebra
zebra
diereneten
ração animal
panda
panda

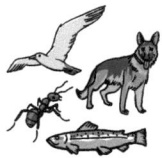

dieren
animais

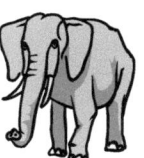

olifant
elefante

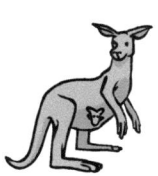

kangoeroe
canguru

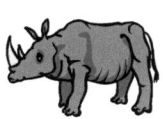

neushoorn
rinoceronte

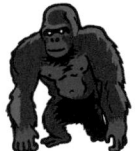

gorilla
gorila

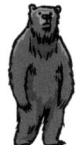

beer
urso

kameel

camelo

struisvogel

avestruz

leeuw

leão

aap

macaco

flamingo

flamingo

papegaai

papagaio

ijsbeer

urso polar

pinguïn

pinguim

haai

tubarão

pauw

pavão

slang

cobra

krokodil

crocodilo

dierenverzorger

guarda do zoológico

zeehond

foca

jaguar

jaguar

pony

pônei

luipaard

leopardo

nijlpaard

hipopótamo

giraffe

girafa

adelaar

águia

wild zwijn

javali

vis

peixe

zeeschildpad

tartaruga

walrus

morsa

vos

raposa

gazelle

gazela

rugby
futebol americano

wielrennen
ciclismo

tennis
tênis

basketbal
basquete

zwemmen
natação

boksen
boxe

ijshockey
hóquei no gelo

voetbal
futebol

badminton
badminton

atletiek
atletismo

handbal
handebol

skiën
esqui

polo
polo

activiteiten
atividades

lachen
rir
springen
pular
knuffelen
abraçar
wandelen
andar
zingen
cantar
dromen
sonhar
bidden
rezar
kussen
beijar

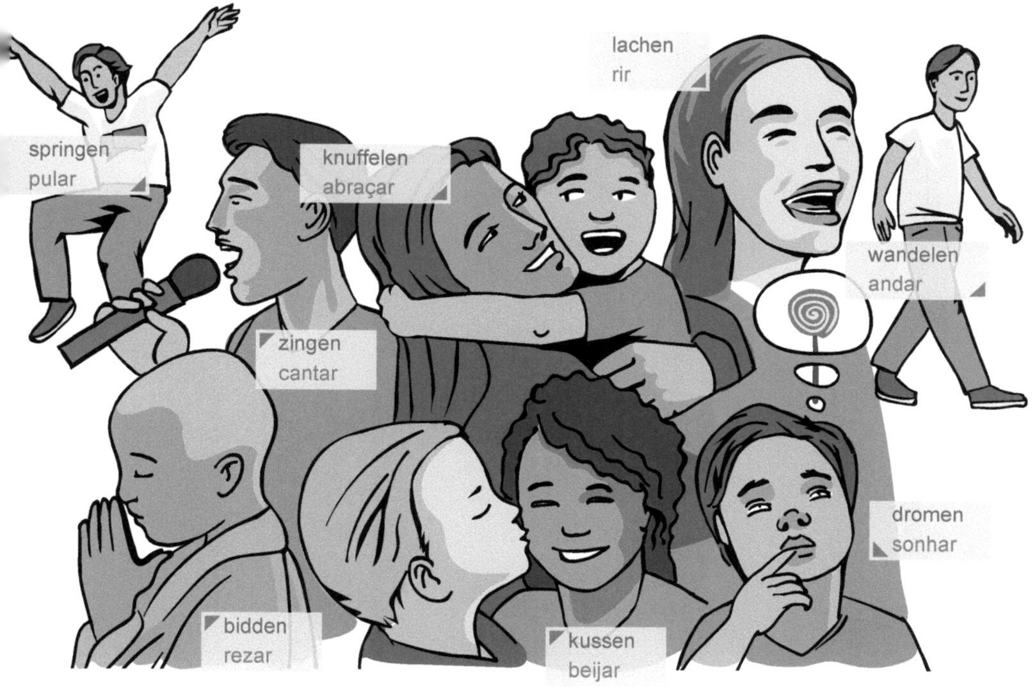

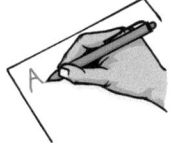

schrijven

escrever

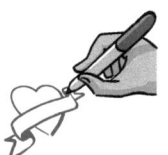

tekenen

desenhar

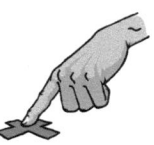

tonen

mostrar

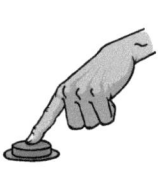

duwen

empurrar

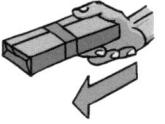

geven

dar

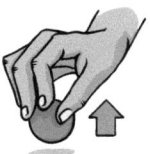

nemen

tomar

hebben
ter

doen
fazer

zijn
ser

staan
ficar de pé

lopen
correr

trekken
puxar

gooien
jogar

vallen
cair

liggen
deitar

wachten
esperar

dragen
carregar

zitten
sentar

aankleden
vestir

slapen
dormir

ontwaken
despertar

kijken naar

olhar para

wenen

chorar

aaien

acariciar

kammen

pentear

praten

falar

begrijpen

entender

vragen

perguntar

luisteren

ouvir

drinken

beber

eten

comer

opruimen

arrumar

houden van

amar

koken

cozinhar

rijden

dirigir

vliegen

voar

zeilen

velejar

rekenen

calcular

Lezen

ler

leren

aprender

werken

trabalhar

trouwen

casar

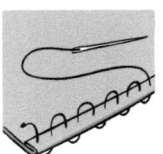

naaien

costurar

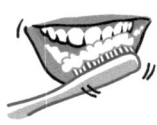

tandenpoetsen

escovar os dentes

doden

matar

roken

fumar

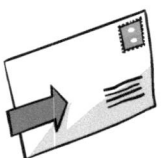

sturen

enviar

familie
família

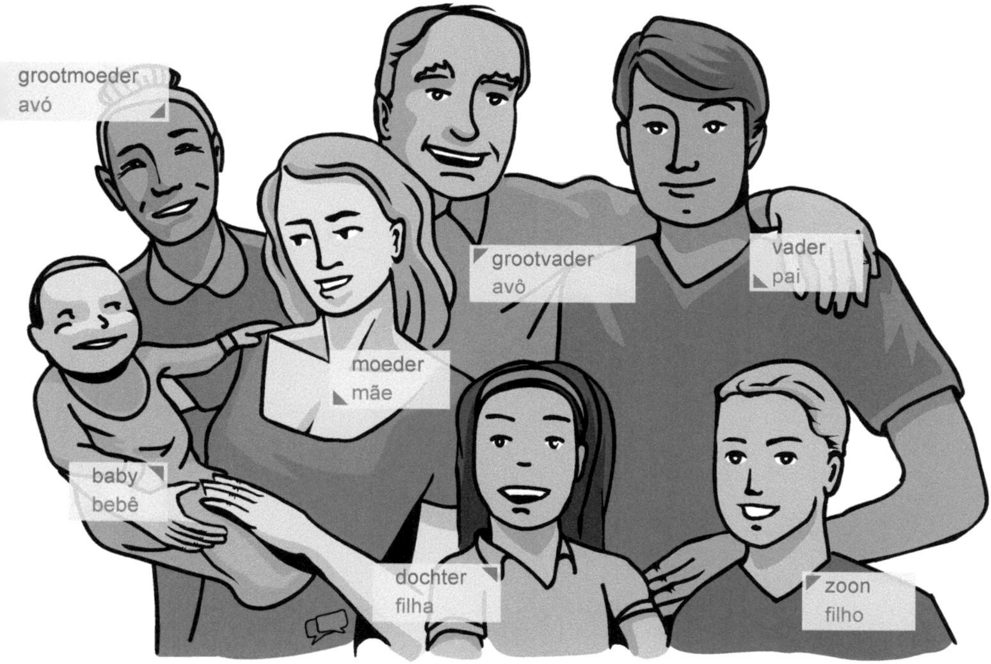
grootmoeder
avó
grootvader
avô
vader
pai
moeder
mãe
baby
bebê
dochter
filha
zoon
filho

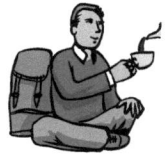

gast

convidado

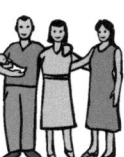

tante

tia

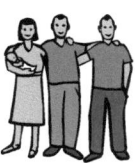

oom

tio

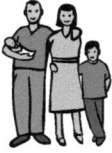

broer

irmão

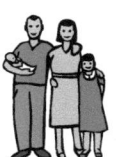

zus

irmã

lichaam
corpo

voorhoofd
testa
oog
olho
schouder
ombro
vinger
dedo
gezicht
rosto
kin
queixo
hand
mão
been
perna
borst
peito
arm
braço

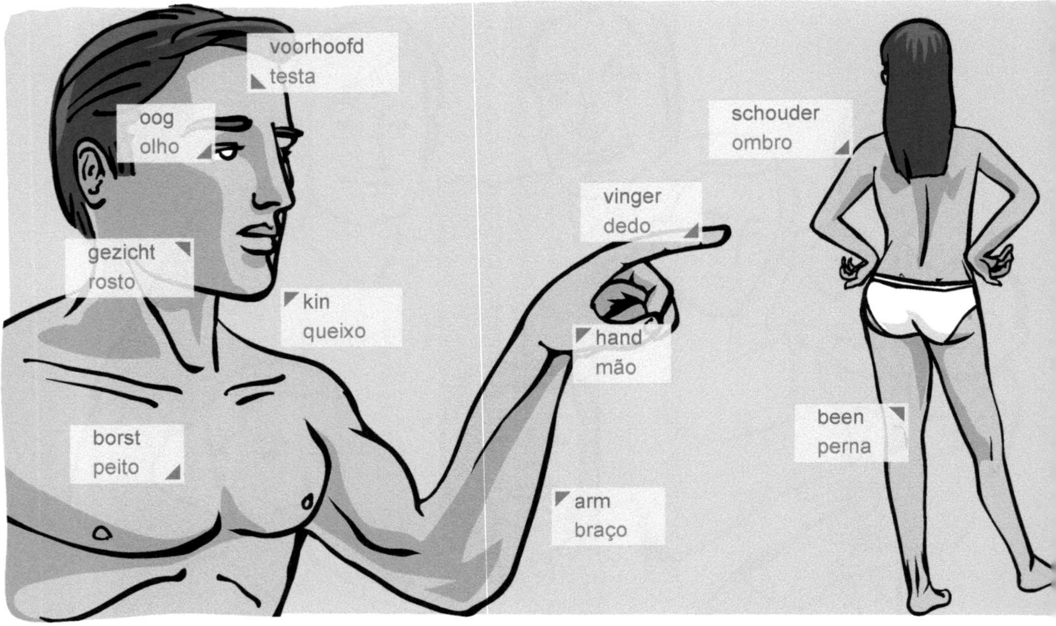

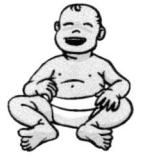

baby
bebê

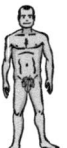

man
homem

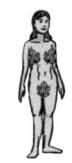

vrouw
mulher

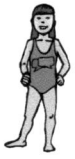

meisje
menina

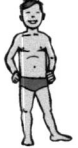

jongen
menino

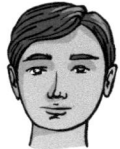

hoofd
cabeça

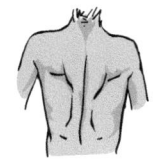

rug
costas

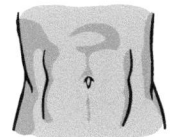

buik
barriga

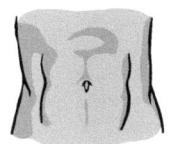

navel
umbigo

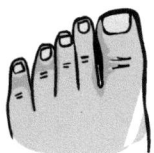

teen
dedo do pé

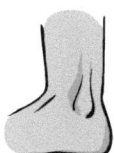

hiel
calcanhar

bot
osso

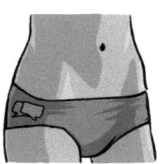

heup
anca

knie
joelho

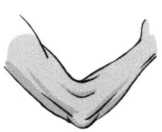

elleboog
cotovelo

neus
nariz

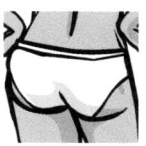

zitvlak
nádegas

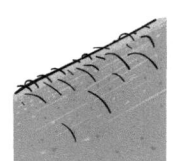

huid
pele

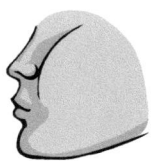

wang
bochecha

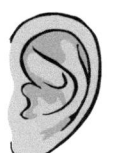

oor
orelha

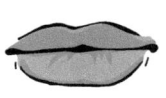

lip
lábio

mond
boca

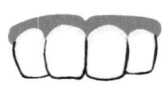

tand
dente

tong
língua

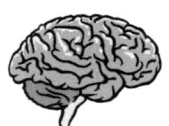

hersenen
cérebro

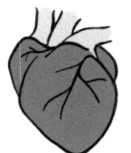

hart
coração

spier
músculo

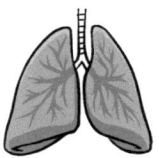

long
pulmão

lever
fígado

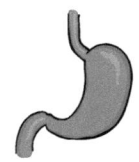

maag
estômago

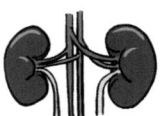

nieren
rins

seks
relações sexuais

condoom
preservativo

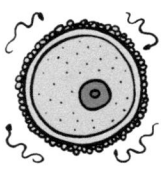

eicel
óvulo

sperma
esperma

zwangerschap
gravidez

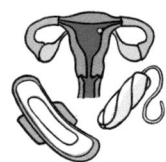

menstruatie

menstruação

vagina

vagina

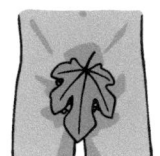

penis

pênis

wenkbrauw

sobrancelha

haar

cabelo

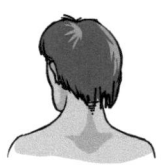

nek

pescoço

ziekenhuis
hospital

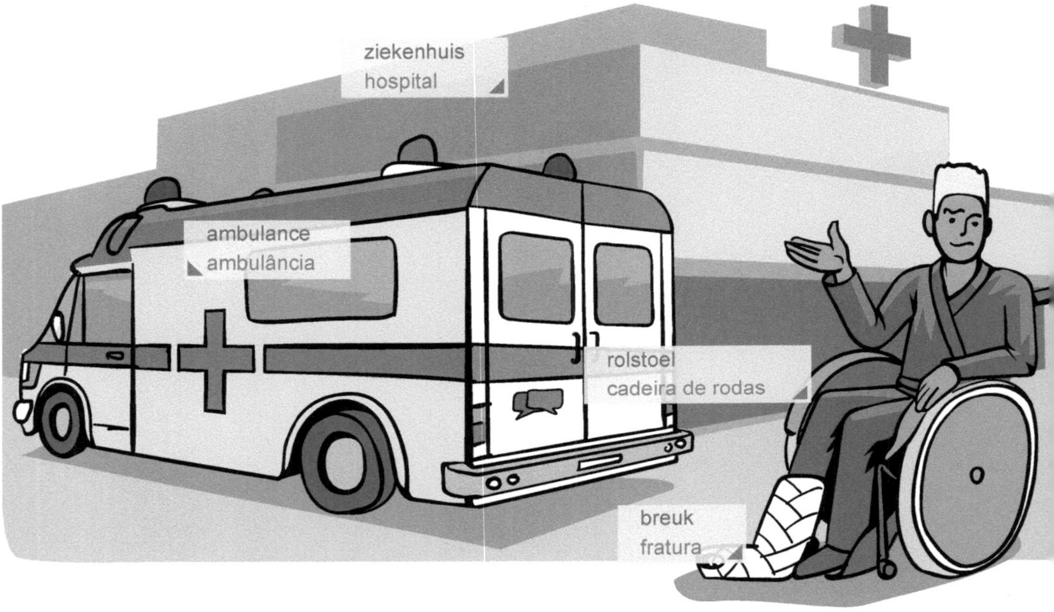

ziekenhuis
hospital
ambulance
ambulância
rolstoel
cadeira de rodas
breuk
fratura

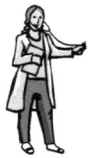

dokter

médico

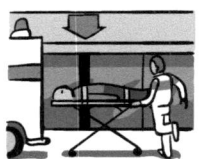

spoed

pronto-socorro

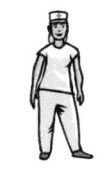

verpleegkundige

enfermeira

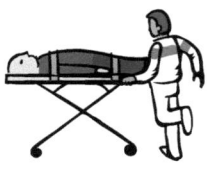

noodgeval

emergência

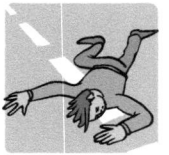

bewusteloos

inconsciente

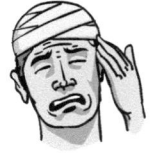

pijn

dor

verwonding

ferimento

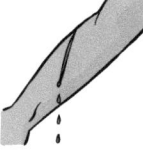

bloeding

hemorragia

hartaanval

ataque cardíaco

beroerte

acidente vacular cerebral

allergie

alergia

hoest

tosse

koorts

febre

griep

gripe

diarree

diarreia

hoofdpijn

dor de cabeça

kanker

câncer

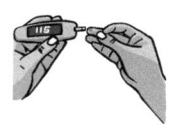

diabetes

diabetes

chirurg

cirurgião

scalpel

bisturi

operatie

operação

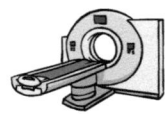

CT
CT

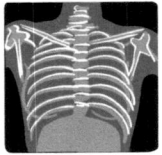

röntgenstraal
raio x

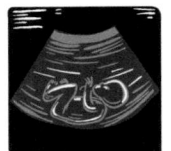

ultrageluid
ultrassom

gezichtsmasker
máscara

ziekte
doença

wachtkamer
sala de espera

kruk
muleta

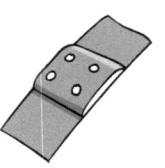

pleister
bandeide

verband
ligadura

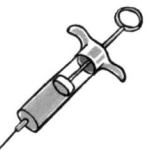

injectie
injeção

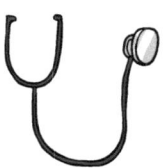

stethoscoop
estetoscópio

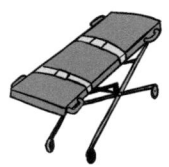

brancard
maca

thermometer
termômetro

geboorte
nascimento

overgewicht
excesso de peso

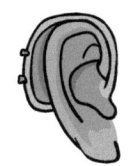

hoorapparaat

aparelho auditivo

ontsmettingsmiddel

desinfetante

infectie

infecção

virus

vírus

HIV / AIDS

HIV / AIDS

medicijn

medicamento

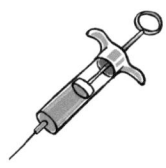

vaccinatie

vacinação

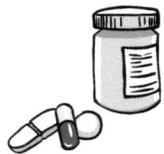

tabletten

comprimidos

pil

pílula

noodoproep

chamada de emergência

bloeddrukmeter

dispositivo de medição de
pressão arterial

ziek / gezond

doente / saudável

Help!

Socorro!

alarm

alarme

overval

assalto

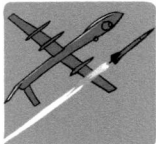

aanval

ataque

gevaar

perigo

nooduitgang

saída de emergência

Brand!

Fogo!

brandblusser

extintor de incêndios

ongeval

acidente

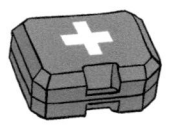

EHBO-kit

maleta de primeiros
socorros

SOS

SOS

politie

polícia

Europa

Europa

Noord-Amerika

América do Norte

Zuid-Amerika

América do Sul

Afrika

África

Azië

Ásia

Australië

Austrália

Atlantische Oceaan

Atlântico

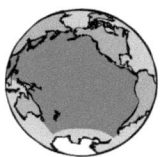

Stille Oceaan

Pacífico

Indische Oceaan

Oceano Índico

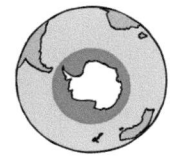

Antarctische Oceaan

Oceano Antártico

Arctische Oceaan

Oceano Ártico

Noordpool

Polo Norte

Zuidpool

Polo Sul

Antarctica

Antártica

aarde

Terra

land

terra

zee

mar

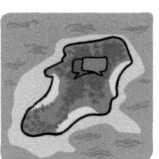

eiland

ilha

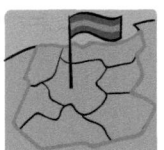

natie

nação

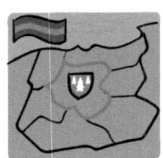

staat

estado

wijzerplaat

mostrador do relógio

uurwijzer

ponteiro das horas

minuutwijzer

ponteiro dos minutos

secondewijzer

ponteiro dos segundos

Hoe laat is het?

Que horas são?

dag

dia

tijd

tempo

nu

agora

digitale horloge

relógio digital

minuut

minuto

uur

hora

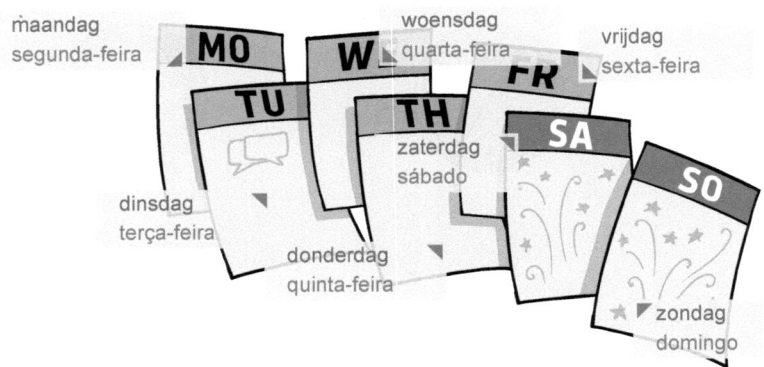

maandag
segunda-feira

woensdag
quarta-feira

vrijdag
sexta-feira

dinsdag
terça-feira

donderdag
quinta-feira

zaterdag
sábado

zondag
domingo

gisteren
ontem

vandaag
hoje

morgen
amanhã

ochtend
manhã

middag
meio-dia

avond
entardecer

MO TU WE TH FR SA SU

werkdagen
dias úteis

MO TU WE TH FR SA SU

weekend
fim de semana

jaar

ano

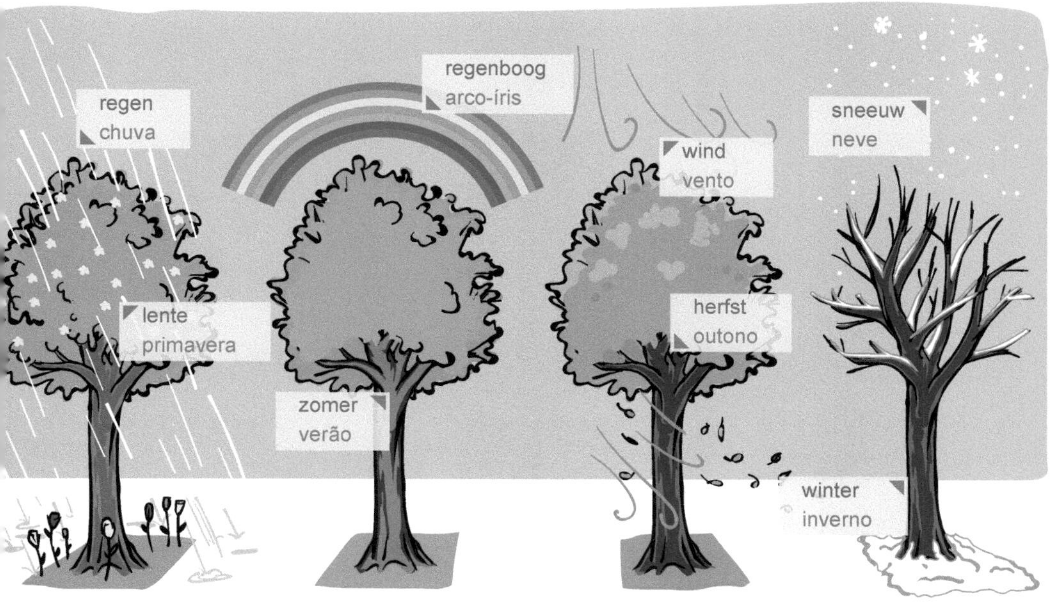
regen
chuva
regenboog
arco-íris
wind
vento
sneeuw
neve
lente
primavera
herfst
outono
zomer
verão
winter
inverno

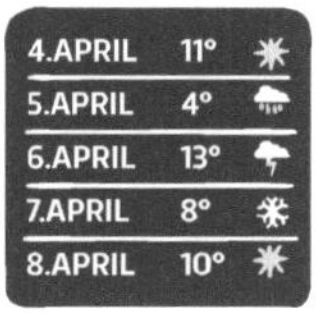
4.APRIL 11°
5.APRIL 4°
6.APRIL 13°
7.APRIL 8°
8.APRIL 10°

weervoorspelling

previsão do tempo

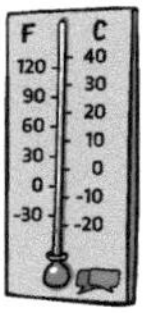
F C
120 40
90 30
60 20
30 10
0 0
-30 -10
-20

thermometer

termômetro

zonneschijn

raio de sol

wolk

nuvem

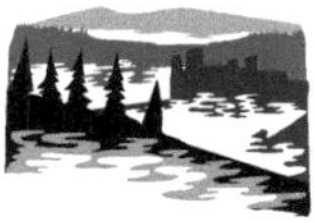

mist

neblina / nevoeiro

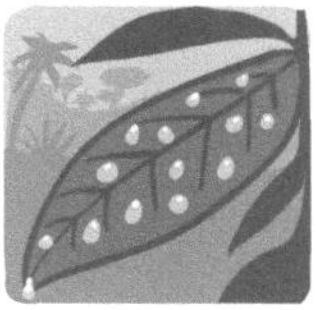

vochtigheid

umidade do ar

bliksem

relâmpago

donder

trovão

storm

tempestade

hagel

granizo

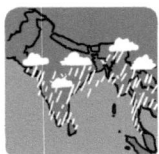

moesson

monção

overstroming

inundação

ijs

gelo

januari

janeiro

februari

fevereiro

maart

março

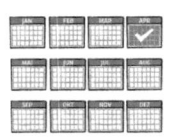

april

abril

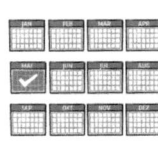

mei

maio

juni

junho

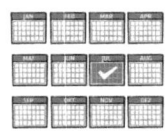

juli

julho

augustus

agosto

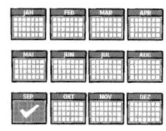

september
....
setembro

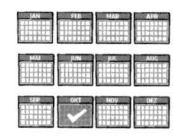

oktober
....
outubro

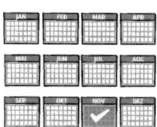

november
....
novembro

december
....
dezembro

vormen
formas

cirkel
....
círculo

kwadraat
....
quadrado

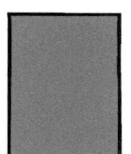

rechthoek
....
retângulo

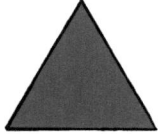

driehoek
....
triângulo

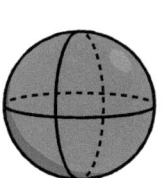

bol
....
esfera

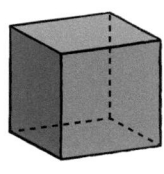

kubus
....
cubo

kleuren

cores

wit
....
branco

geel
....
amarelo

oranje
....
laranja

roze
....
rosa

rood
....
vermelho

paars
....
lilás

blauw
....
azul

groen
....
verde

bruin
....
marrom

grijs
....
cinza

zwart
....
preto

veel / weinig

muito / pouco

boos / kalm

furioso / tranquilo

mooi / lelijk

lindo / feio

begin / einde

começo / fim

groot / klein

grande / pequeno

licht / donker

claro / escuro

broer / zus

irmão / irmã

proper / vuil

limpo / sujo

volledig / onvolledig

completo / incompleto

dag / nacht

dia / noite

dood / levend

morto / vivo

breed / smal

largo / estreito

eetbaar / oneetbaar

comestível / não comestível

kwaadaardig / vriendelijk

mau / gentil

opgewonden / verveeld

entusiasmado / entediado

dik / dun

gordo / magro

eerst / laatst

primeiro / último

vriend / vijand

amigo / inimigo

vol / leeg

cheio / vazio

hard / zacht

duro / macio

zwaar / licht

pesado / leve

honger / dorst

fome / sede

ziek / gezond

doente / saudável

illegaal / legaal

ilegal / legal

intelligent / dom

inteligente / idiota

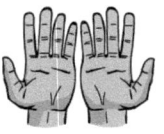

links / rechts

esquerda / direita

dichtbij / veraf

perto / longe

nieuw / gebruikt

novo / usado

niets / iets

nada / alguma coisa

oud / jong

velho / jovem

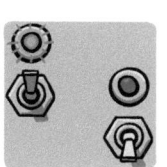

aan / uit

ligado / desligado

open / dicht

aberto / fechado

stil / luid

baixo / alto

rijk / arm

rico / pobre

juist / fout

certo / errado

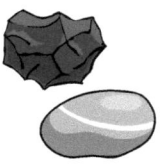

ruw / glad

áspero / liso

droevig / blij

triste / feliz

kort / lang

curto / longo

traag / snel

lento / rápido

nat / droog

molhado / seco

warm / koud

ameno / fresco

oorlog / vrede

guerra / paz

0	**1**	**2**
nul	één	twee
zero	um	dois

3	**4**	**5**
drie	vier	vijf
três	quatro	cinco

6	**7**	**8**
zes	zeven	acht
seis	sete	oito

9	**10**	**11**
negen	tien	elf
nove	dez	onze

12

twaalf

doze

13

dertien

treze

14

veertien

quatorze

15

vijftien

quinze

16

zestien

dezesseis

17

zeventien

dezessete

18

achtien

dezoito

19

negentien

dezenove

20

twintig

vinte

100

honderd

cem

1.000

duizend

mil

1.000.000

miljoen

milhão

Engels

inglês

Amerikaans Engels

inglês americano

Chinees (Mandarijn)

chinês mandarim

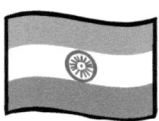

Hindi

hindi

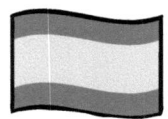

Spaans

espanhol

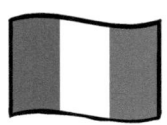

Frans

francês

Arabisch

árabe

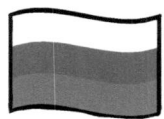

Russisch

russo

Portugees

português

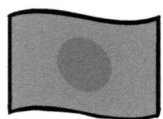

Bengali

bengalês

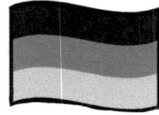

Duits

alemão

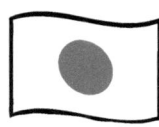

Japans

japonês

ik

eu

u

você

hij / zij / het

ele / ela

wij

nós

u

vocês

ze

eles / elas

wie?

quem?

wat?

O quê?

hoe?

como?

waar?

onde?

wanneer?

Quando?

naam

nome

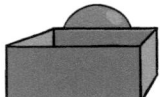

achter

atrás

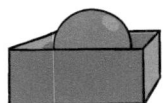

in

em

voor

na frente de

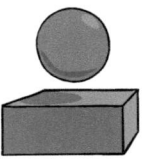

boven

sobre

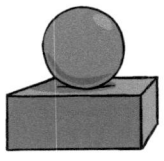

op

em cima

onder

debaixo

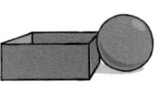

naast

do lado

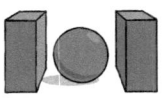

tussen

entre

plaats

lugar